김재성 글

서울대 영어교육학과 재학 중 미국으로 가서 앨러배마 주립대 치과대학원을 졸업했고, 미시시피 주립대학병원에서 통합치의학 전문의 과정을 마쳤어요. 25년이 넘게 치과 진료를 해 오던 중, 어린이들에게 재미있는 이야기로 치아의 중요성을 알리기 위해 《치과 의사의 행복한 치아 이야기》를 쓰게 됐어요. 2009년 한국추리작가협회에서 《목 없는 인디언》으로 신인상을 수상하며 작가로 등단했고, 2014년 《드래건 덴티스트》로 제9회 소천아동문학상을, 2015년 《경성 새점 탐정》으로 제13회 푸른문학상을 수상했어요. 글을 쓴 작품으로 《천상열차분야지도》《경성 새점 탐정》《호텔 캘리포니아》《경성 좀비 탐정록》《불멸의 탐정, 셜록 홈즈》《제주도로 간 전설의 고양이 탐정》 등이 있어요. 한국추리작가협회장과 경찰청 과학수사대 자문 위원으로 활동하고 있으며, 제주도 샌프란시스코 치과에서 진료를 하며 제주의 전설과 풍광을 소재로 재미난 글을 쓰고 있어요.

백명식 그림

강화에서 태어나 서양화를 전공했고, 출판사 편집장을 지냈습니다. 어린이들이 좋아하는 책을 쓰고 그릴 때 가장 행복합니다. 그린 책으로는 《자연을 먹어요(전 4권)》《WHAT 왓? 자연과학편(전 10권)》시리즈, 《책 읽는 도깨비》 등이 있으며, 쓰고 그린 책으로는 《돼지 학교(전 40권)》《인체과학 그림책(전 5권)》《맛깔나는 책(전 7권)》《저학년 스팀 스쿨(전 5권)》《명탐정 꼬치의 생태 과학(전 5권)》시리즈 등이 있습니다. 소년한국일보 우수도서 일러스트상, 소년한국일보 출판부문 기획상, 중앙광고대상, 서울 일러스트상을 받았습니다.

몬스터 치과 병원

김재성 글 | 백명식 그림

1판 1쇄 인쇄 2018년 10월 19일 1판 1쇄 발행 2018년 10월 29일
펴낸이 정중모 펴낸곳 파랑새 등록 1988년 1월 21일(제406-2000-000202호)
책임편집 서경진, 조정우 디자인 권순영
마케팅 김경훈 제작 윤준수 홍보 김계향 관리 정희숙, 김다웅, 허유정
주소 경기도 파주시 회동길 152 전화 031-955-0670 팩스 031-955-0661~2 홈페이지 www.bbchild.co.kr
전자우편 bbchild@yolimwon.com ISBN 978-89-6155-753-5 74510, 978-89-6155-752-8 (세트)

ⓒ 김재성, 백명식 2018

· 책값은 뒤표지에 있습니다.
· 저작자와 출판사의 허락 없이 이 책의 일부 또는 전체를 인용하거나 발췌하는 것을 금합니다.

어린이제품안전특별법에 의한 제품 표시
제조자명 파랑새 | 제조년월 2018년 10월 | 제조국 대한민국 | 사용연령 3세 이상

몬스터 치과 병원

치아들이 도망갔어요! - 치아의 구조와 나쁜 습관

파랑새

아침에 일어나 거울을 본
꼬질이는 깜짝 놀랐어요.
거울 속에서 입이 쭈글쭈글한 여자아이가
꼬질이를 바라보고 있었거든요.
어머나!
거울 속 아이는 이가 빠진 꼬질이었어요.
"엄마, 이들이 도망쳤어요."
꼬질이는 소리치며 울었어요.
이가 몽땅 빠진 꼬질이는
밥도 못 먹고, 말도 더듬었어요.
입이 홀쭉해진 꼬질이를
친구들은 할머니라고 놀렸어요.

꼬질이는 엄마와 함께 치과에 갔어요.
의사 선생님은 엑스레이 사진을 찍고,
꼬질이의 입안을 들여다보았어요.
"치아들이 도대체 어디로 도망갔을까?"
의사 선생님이 머리를 긁적이며 말했어요.
그러자 꼬질이가 앙앙 울기 시작했어요.
"몬스터 치과 병원에 가 보렴. 혹시 도망간 치아들을
찾아 줄지 아니?"
꼬질이는 울음을 뚝 그쳤어요.

꼬질이는 숲속에 있는
몬스터 치과를 찾아갔어요.
"꼬질아, 왜 나를 찾아왔니?"
몬스터 치과 의사가 반갑게 물었어요.
"제 이들이 도망갔어요. 꼭 좀 찾아 주세요."
쭈글쭈글한 입을 우물거리며 꼬질이가 말했어요.
"우선, 저기 몬스터 의자에 앉으렴."
몬스터 치과 의사가 몬스터 의자를
가리키며 말했어요.

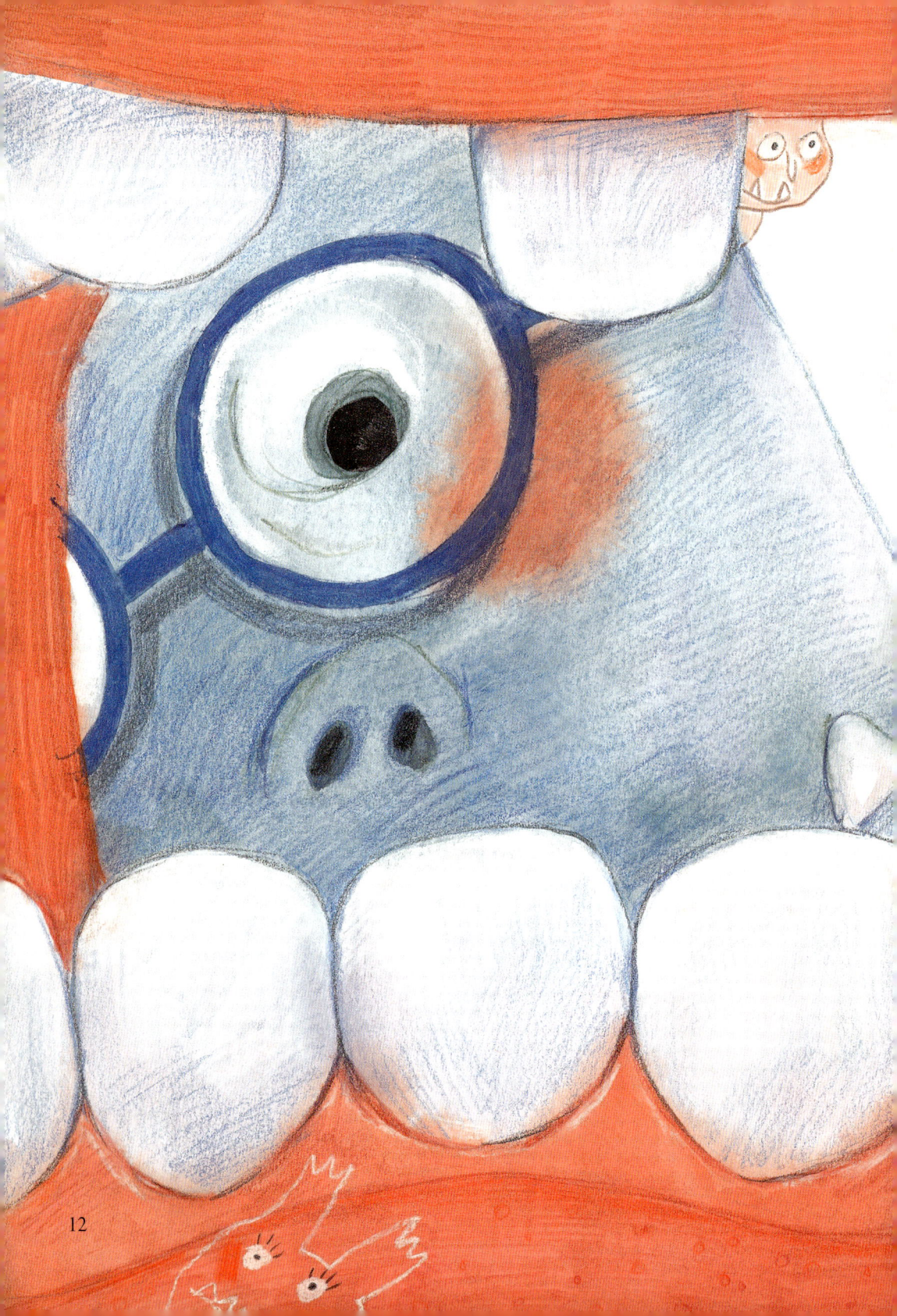

"아, 하고 입을 크게 벌리렴."
몬스터 치과 의사는 탐정이라도 된 듯
커다란 돋보기를 들고 꼬질이의 입안을 살펴보았어요.
"앞니가 도망갔네! 엄지손가락을 내밀어 보렴."
꼬질이의 엄지손가락에는 굳은살이 박여 있었어요.
"꼬질아, 손가락을 빨아서 앞니가 도망간 거야.
손가락을 빨면 앞니가 앞으로 밀려 나온단다.
더러운 세균이 입안에 들어가 앞니가
견딜 수 없어 도망간 거야."

"송곳니도 도망갔네.
꼬질이 너, 음식을
오래 물고 다니는구나?"
꼬질이 옷에 떨어진
밥알을 돋보기로 살펴보며
몬스터 치과 의사가 말했어요.

"어! 어금니도 도망갔네?
어디, 주머니 속 좀 보자."
주머니 안에서 사탕
한 주먹이 나왔어요.
"그럴 줄 알았다.
사탕을 많이 먹고 이를
잘 닦지 않아서 어금니가 도망간 거야."
"잘못했어요. 제발 이들을 찾아 주세요."
꼬질이가 간절하게 부탁했어요.

"그런데 네 치아들이
언제 도망간 거니?"
"몰라요. 아무것도 전 몰라요."
꼬질이가 쭈글쭈글한 입으로
걱정스럽게 말했어요.
그때, 울퉁불퉁 두꺼비가 나타나
꼬질이에게 마법 거울을 주었어요.
어제의 모습을 보여 주는 마법 거울이었어요.
꼬질이는 거울로 입안을 들여다보았어요.
어제까지 있던 치아들이 거울 속에 나타났어요.
"하나, 둘, 셋…… ."
윗니 열 개, 아랫니 열 개였어요.

꼬질이는 치아들을 종이에 그려 보았어요.
얇은 삽처럼 생긴 앞니,
뾰족한 송곳니,
맷돌과 같은 어금니를 그렸어요.
"앞니는 가위처럼 음식을 자른단다.
송곳니는 질긴 음식을 톱처럼 찢어 주고,
어금니는 맷돌처럼 음식을 갈아 주지."
몬스터 치과 의사가 이마다의 역할을
설명해 주었어요.

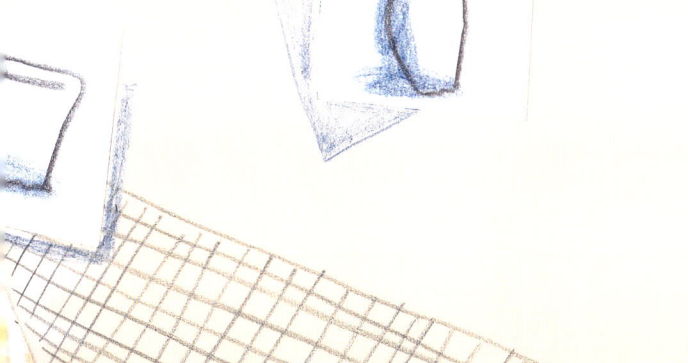

"선생님, 꼬질이의 이들이 오토바이를 타고
언덕 너머로 도망가는 걸 봤어요."
몬스터 치과에 우연히 들른 너구리가
꼬질이의 사연을 듣고 알려 줬어요.

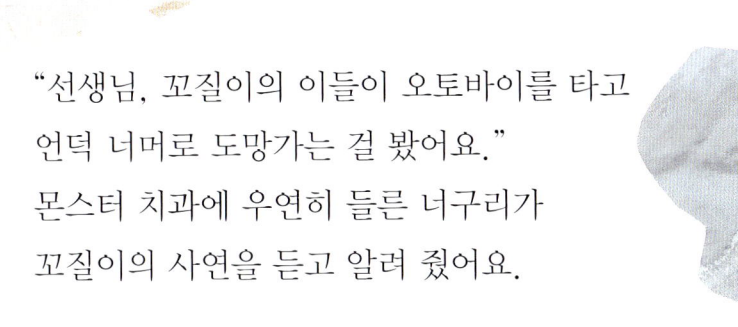

"꼬질이의 이들이 잠수함을 타고
도망가는 것을 보았어요."
너구리의 얘기를 들은 수달도 알려 줬어요.

"난 꼬질이의 이들이 풍선을 타고 도망가는 걸 봤어요. 그런데 초콜릿 마녀가 갑자기 나타나서 꼬질이의 이들을 초콜릿 왕국으로 잡아갔어요!"
때마침 지나가던 대머리 독수리가 날갯짓하며 알려 주었어요.
"친구들아, 고맙다."
몬스터 치과 의사가 동물 친구들에게 감사 인사를 했어요.

몬스터 의사는 두꺼비와 함께 칫솔 지팡이를 타고 하늘로 훅 날아올랐어요. 꼬질이는 커다란 용의 등에 올라탔지요.
"꼬질이의 도망간 치아를 찾으러 가자.
초콜릿 왕국으로 출발!"

초콜릿 성은 맛있는 초콜릿으로 만들었대요.
높은 성에는 초콜릿 깃발이 펄럭이고,
성벽 위에는 초코볼이 대롱대롱
매달려 있어요.
"몬스터 치과 의사가 온다. 초콜릿 총을 쏘아라!"
성벽 위에서 초콜릿 병정 대장이 소리쳤어요.

그러자 초콜릿 병정들이
초콜릿 총을 쏘기 시작했어요.
빵! 빵! 빵!
초콜릿 총알이 뿅뿅 날아왔어요.

"으하하! 하나도 무섭지 않아."
우리 편 전사들이 날아가
초콜릿 병정들 입에 주사를 놨어요.
"꼬질이 치아들은 어디에 있니?"
전갈 장군이 초콜릿 병정들의 썩은 이를
집게로 뽑으며 물었어요.
"초콜릿 마녀가 초콜릿 정원에 가두었어요."
병정들이 총을 버리고 달아나며 말했어요.

초콜릿 정원에서는 초콜릿 마녀가
무언가를 감시하고 있었어요.
풍선을 타고 도망가던 꼬질이의 치아들이었죠.
초콜릿 마녀는 치아들에게 초콜릿을 발랐어요.
치아들을 썩게 하려는 것이었지요.
"내 이 돌려줘!"
용의 등에 타고 있던 꼬질이가 소리쳤어요.
용이 입에서 불길을 뿜어내고 있었어요.
그러자 초콜릿 마녀의 망토가 스르르 녹기 시작했어요.

"으음, 치아들이 꼬질이에게
돌아가겠다고 하면 놓아주겠다.
치아들아, 꼬질이 입안으로 돌아가겠느냐?"
초콜릿 마녀가 녹아내리는
초콜릿 망토를 붙잡으며 물었어요.

"손가락을 빠는 아이는 싫어요. 난 초콜릿 마녀가 좋아요.
날마다 달콤한 초콜릿을 발라 주니까요."
앞니가 말했어요.
"음식을 오래 물고 있는 아이는 싫어요."
송곳니가 대답했어요.
"과자를 많이 먹고 이를 닦지 않는 아이는 싫어요."
어금니가 말했어요.

"이들아, 정말 미안해. 앞으로 손가락을 빨지 않을게.
음식을 오래 물고 있지도 않을게. 사탕도 많이 먹지
않을게. 그리고 음식을 먹은 뒤에는 꼭 이를 닦을게.
그러니까 제발 나에게 돌아와 줘!"
입이 쭈글쭈글해진 꼬질이가
울먹이며 말했어요.

"정말이니? 꼬질아?"
"응, 약속할게!"
치아들이 모두 꼬질이에게 와락 달려갔어요.

꼬질이는 치아들을 용의 등에 태우고
몬스터 치과 병원으로 날아갔어요.
몬스터 치과 의사는 마법의 풀을 집어 들었죠.
도망갔던 치아들을 꼬질이 입안에 착 붙여 주었어요.
"아! 간지러워. 킥킥."
꼬질이는 행복하게 웃어 댔어요.

몬스터 치과 의사 선생님의 당부!

평생 새로운 치아가 계속 자라나는 상어와 달리 사람은 일생 동안 단 두 벌의 치아를 가질 수 있답니다.

어린 시절 돋아나는 젖니(유치)는 총 스무 개, 그 이후에 평생 간직해야 하는 영구치는 총 서른두 개랍니다. 어린이와 어른의 턱의 크기가 다르기 때문에 치아의 수가 다른 거예요.

 **입속은 어떻게 생겼고, 치아는 무슨 일을 하죠?**

젖니와 영구치. 이 두 벌의 치아는 크기와 수는 다르지만 모양과 하는 역할은 같아요. 날카로운 삽처럼 생긴 여덟 개의 앞니는 음식을 자르는 역할을 해요. 뾰족한 톱날처럼 생긴 네 개의 송곳니는 음식을 찢는 역할을 하죠. 맷돌처럼 납작한 어금니(유치는 여덟 개, 영구치는 열여섯 개-사랑니 제외)는 음식을 갈아 주는 역할을 해요.

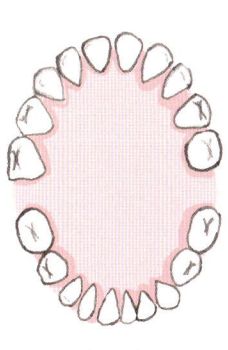
젖니(유치) 모양

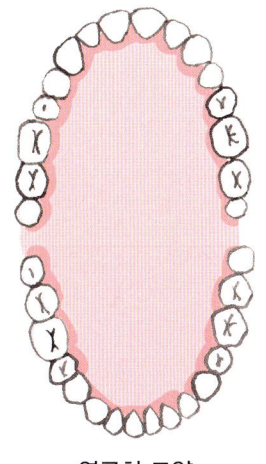
영구치 모양

마지막으로 어른에게만 있는 네 개의 사랑니는 큰 역할을 하지 않기 때문에 뽑는 경우가 많아요. 젖니는 보통 만 여섯 살부터 열두 살 사이에 차례대로 빠지며 영구치에게 자리를 양보합니다. 하지만 영구치가 나올 때까지 자리를 지켜 주지 못하고 일찍 빠져 버리면 영구치가 예쁘고 건강하게 자리 잡지 못하니 젖니를 잘 관리해야 해요.

 젖니와 영구치를 잘 보호하기 위해서는
어떤 노력이 필요하지요?

첫째, 단것을 많이 먹고 이를 닦지 않는 습관은 이에 매우 해롭습니다. 치아 표면에 구멍이 생겨 이가 아픈 원인이 돼요. 만약 충치가 생기면 치아를 뽑아내야 하죠.

둘째, 음식을 입속에 오래 물고 있는 습관도 이를 약하게 만들어 충치를 생기게 해요.

마지막으로, 손가락을 빠는 습관은 위아래 치아를 벌어지게 하고 입 속에 세균을 들어오게 해서 질병을 일으킬 수 있으니 조심하세요.

어린이 여러분! 치아를 튼튼하게 지키려면 어떤 습관을 들여야 하는지 잘 알겠죠? 그리고 무엇보다, 규칙적인 칫솔질과 치실 사용이 가장 중요하답니다.

젖니의 치아 명칭

위

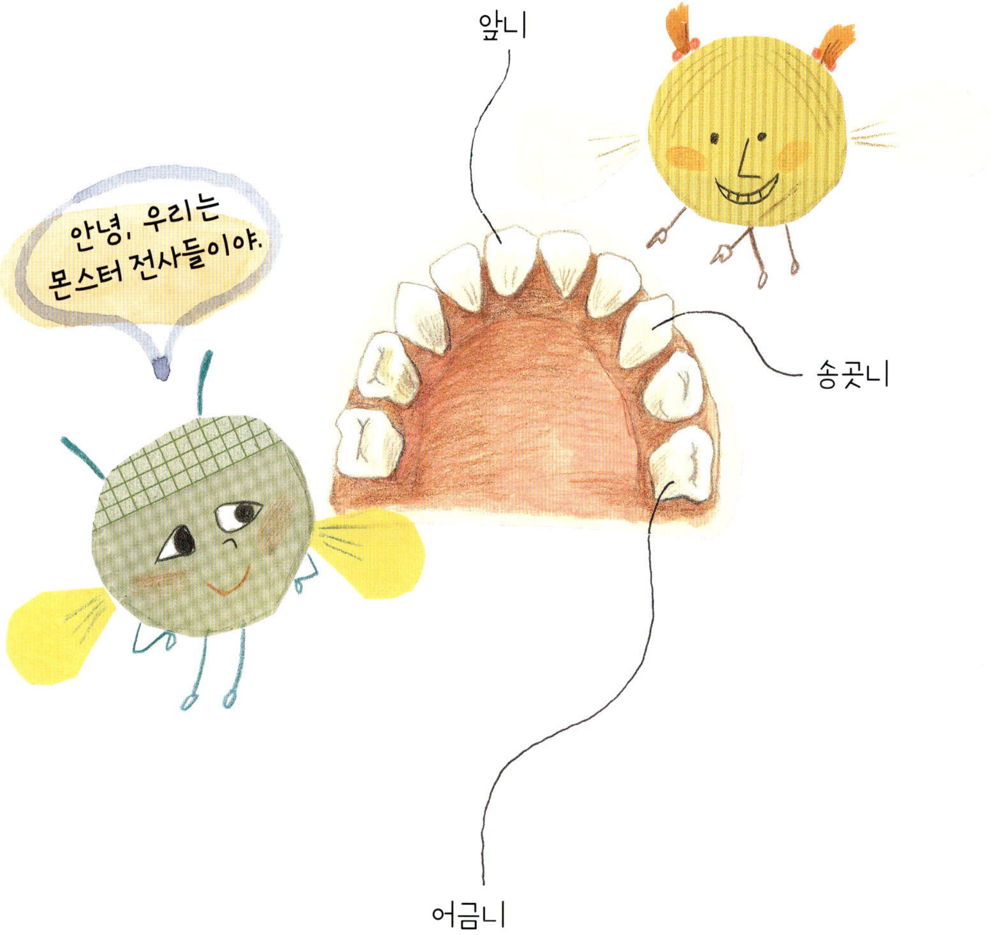

앞니

송곳니

어금니

안녕, 우리는 몬스터 전사들이야.